부활

그리고 **당신**

초판1쇄 2019년 3월 25일

지은이 · 조쉬 맥도웰, 션 맥도웰

번역 · 한길환

펴낸이 · 채주희

펴낸곳 · 도서출판 엘맨

발행인 · 채주희
주소 · 서울특별시 마포구 신수동 448-6
전화 · 02-323-4060, 02-6401-7004 | **팩스** · 02-323-6416
이메일 · elman1985@hanmail.net | www.elman.kr

등록번호 · 제 10호-1562(1985. 10. 29.)

값 · 11,800원

ISBN 978-89-5515-651-5(03230)

부활
그리고 당신

조쉬 맥도웰 . 션 맥도웰 공저

한길환 역

엘맨
하나님이 사람을 만들어가는 ELMAN

목　차

기독교를 철저하게 말살하려고 했던 사울이 바울로 변하고 기독교 최고의 변증가가 된 것은 다름 아닌 다메섹 도상의 경험 때문이었습니다. 다시 말씀드려서 그가 철저하게 그리스도인으로 변화되어 복음 전도자로 기독교 신학과 신앙의 뿌리가 되는 말씀을 전하게 된 것은 부활하신 주님을 직접 목격하고 만난 사건 때문이었습니다. 복음의 핵심은 예수그리스도의 십자가와 부활입니다. 기독교는 이 진리의 토대 위에 굳건히 서 있습니다. 이 토대 중 하나라도 변질되거나 무너지면 기독교는 완전히 무너집니다. 1960년대를 거쳐 70, 80년대 한국 교회가 부흥의 절정을 이루었을 때 교회의 주 메시지는 그리스도의 십자가와 부활이었습니다.

그러나 안타깝게도 요즘 십자가와 부활에 관한 메시지는 이제 더 이상 교회의 주 메시지가 아닙니다. 그 결과 한국 교회는 하나님의 구속의 사랑에 대한 뜨거운 눈물과 감격이 사라지고 성령의 강력한 능력이 점점 약화되어가고 있습니다.

인간의 영혼을 좀먹는 이단 사설들과 거짓 종교와 신사도 운동 등이 이제는 공공연하게 활동하는 것은 물론 기독교 외에는 구원이 없다는 절대 진리를 부정하고 있습니다. 그리고 모든 종교에 구원의 길이 있고 궁극적으로 동일하다고 보는 보편 구원론인 종교다원주의 사상과 영원한 형벌을 거부하고 마귀를 포함한 사악한 자들도 일정 기간 동안 지옥에서 고통을 받은 후 그리스도를 믿음으로 구원을 받고 천국에 들어간다는 주장이 은연중에 퍼져 있고 또 퍼져나가고 있습니다.

영적으로 혼란한 이 시대에 우리의 신앙의 선진들이 순교의 믿음으로 전해준 예수 그리스도의 십자가와 부활의 복음이 이 소책자를 통해서 아직 구원받지 못한 불신자들에게는 구원의 길이, 성령으로 시작하였다가 다시 육체로 돌아가 버린 그리스도인들에게는 은혜를 회복하는 한 줄기 빛이 되기를 간절히 기원합니다.

개인 여정

내가 기독교에 오류가 있다고
논박을 시도했을 때
일어났던 일

- 조쉬 맥도웰

켈로그 대학(Kellogg College)의 학생인 나는 로스쿨(법조계 인재를 양성하는 3년제 전문 대학원-역주)에 가서 결국은 정치를 하려고 준비하고 있었다. 그곳 전체 학생들 중에 내 관심을 끌었던 삶이 다른 한 그룹의 학생들이 있었다. 이 학생들은 돈, 성공 또는 명예를 위해 살기보다는 오히려 진정으로 서로를 사랑했다. 나는 7년 동안 매주 우리 농장 노동자 웨인 베일리(Wayne Baily)에게 폭행을 당했던 결손 가정 출신이었다. 그래서 나는 그들이 진정으로 경험하고 나타내는 것과 같은 사랑을 절실히 원했다. 그들 단체의 내부와 외부의 모든 사람들을 향한 그들의 사랑은 내게는 이해하기 어려웠다. 그러나 필사적으로 그들과 같은 사랑을 원했다.

하지만 나는 말이 많고 자신감이 없는 회의론자였다. 나는 그들이 내 마음 속 깊숙이 박힌 상처와 고통을 아는 것을 원치 않았다. 그리고 나는 내가 내 삶의 의미와 목적을 얼마나 간절히 찾고 있는지 그들이 아는 것을 원치 않았다. 그들이 가지고 있는 비밀을 알기를 기대했을 때, 나는 그들과 친하게 지낼 수 있었다. 어느 날 우리가 학생회관의 테이블에 둘러 앉아 있었을 때 그 단체에 속해 있는 여학생에게 그녀가 다른 학생들과 그리고 캠퍼스의 교수님들과 왜 다른지 그 이유를 물었다. 나는 그것이 내게 큰 문제가 아닌 척하려고 했지만, 나는 정말로 알고 싶었다. 사랑스러운 미소를 지으며, 그녀는 대답의 일환으로 내가 캠퍼스에서 언젠가는 들으리라고 생각했던 두 마디 말을 했다. 그녀는 단순히 "예수 그리스도"라고 말했다.

즉시 나는 그녀에게 "종교에 관한 그 쓰레기를 내게 주지 마세요." "나는 종교와 교회와 그리고 성경에 진절머리가 나요."라고 쏘아붙였다. 이 여학생은 정말 확신이 있었다. 왜 그런가 하면 그녀가 나에게 "여보세요, 나는 당신에게 종교를 말하지 않았어요. 나는 예수 그리스도라는 사람에 대해서 말했어요."라고 바로 쏘아붙였기 때문이다. 내 의도는 무례한 짓을 하려는 것이 아니었기 때문에 나는 내 감정을 폭발한 것에 대해서 사과했다. 그러나 나는 그리스도인들을 패배자라고 생각했고 종교에 진절머리가 나고 넌더리가 났다. 2천 년 전에 죽은 사람이 오늘 내 삶과 어떻게 관련이 있을 수 있는가? 놀랍게도 이 단체는 그리스도의 주장을 지적으로 생각하도록 내게 도전을 주었다. 그들은 감히 내게 실제로 성경의 역사적인 증거, 그리스도의 신성, 예수님의 부활에 대해 조사해 보라고 했다. 나는 솔직히 말해서 농담이라고 생각했다! 그리고 나는 그들이 틀렸다는 것을 증명하기로 결심했다. 그래서 나는 대학을 그만두고 그림 사업으로 모아둔 돈으로 미국 그리고 영국 및 중동 전역을 여행하면서 기독교의 그릇됨을 증명하는 증거들을 수집했다. 오늘날 이런 증거의 대부분은 책 그리고 지역 도서관 및 인터넷에서 찾을 수 있다. 그러나 이런 증거 자료들은 1950년대에는 전 세계의 도서관과 대학에서만 직접 볼 수 있었다. 나는 기독교를 지적인 우스갯소리로 만들려고 시도했다. 그러나 내가 발견한 것은 나의 삶을 거꾸로 돌려놓았다.

어느 날 늦은 금요일 오후, 나는 여러 달 동안 연구를 계속 하다가 지쳐서 영국 런던의 한 도서관에 홀로 앉아 있었다. 그때 갑자기 무엇인가 내게 말하는 것 같은 음성을 들었다. 보통 목소리로 듣지 않았다, 그래서 이 소리는 충격적이고 심난했다. 그 목소리는 "조쉬야! 너는 서서 지탱할 다리가 없다."고 말했다. 나는 그 목소리를 즉시 억눌렀다. 결국, 나는 그 음성을 믿지 않고 기독교를 반증할 작정이었다. 흥미롭게도, 그 후 거의 매일 같은 음성을 들었다. 그러나 목소리는 점점 더 커지고 커졌다. 증거를 더 많이 조사할수록, 그 증거는 내가 이르고자 했던 것과 반대되는 결론에 이르게 했다. 내 목표는 기독교를 반증하는 것이었지만 내 연구는 성경은 믿어도 되고 예수님은 하나님이시며 삼일 만에 죽음에서 살아나셨다는 결론으로 나를 이끌었다.

비록 이 모든 것이 사실임을 알았지만 처음에는 예수님을 따르기 위해 나의 삶을 그분에게 맡기는 것에 저항했다. 나는 사람들이 나를 어떻게 생각할지 그리고 신자가 되기 위해 감당할 희생을 두려워했다. 그러나 지금 예수 그리스도를 따른 지 50년의 세월이

흐른 뒤 나는 이것이 내 삶의 최선의 결정이었다고 진심으로 말할 수 있다. 증거가 내 관심을 끌었지만 궁극적으로 내 마음을 사로잡았던 것은 나의 여정 시점에 그 대학생들의 삶 속에서 보았던 하나님의 사랑이었다.

「부활 그리고 당신」은 내 아들 션(Sean)과 함께 집필한 책이다. 당신이 신자라면, 우리는 이 책이 당신의 믿음이 확실한 근거가 있음을 알도록 하기 위해서 당신에게 몇 가지 증거를 제공하기를 기대한다. 당신이 동의한다면, 이 책을 비기독교인 친구와 나누어 보는 것을 고려해 보는 것은 어떨까?

당신이 회의론자라면, 우리 모두가 바라기는 당신이 열린 마음으로 이 책을 읽는 것이다. 예수님이 실제로 죽은 자 가운데서 살아나셨고, 그분이 하나님이심을 확인한다면(롬 1:4), 그분을 따르는 것보다 생전에 더 중요한 것은 없다. 예수님이 죽은 자들 가운데서 부활하지 않으셨다면 그건 모두 고약한 농담거리이기 때문에 당신은 잃을 것이 없다.

예수 그리스도보다도 더 이 세상을 변화시킨 분은 없다. 그뿐이랴 예수님은 오늘날에도 삶을 변화시키는 일을 계속 하신다. 이제 부활에 대한 증거와 그 증거가 당신의 삶에 어떤 의미를 주는지 검토해 보자.

부활이 중요한 이유는 무엇인가?

1

#세상의 유일한 소망

무신론자 웹 사이트에 게시된 한 여성의 이 세평을 고려해 보자.

"나는 혼란스럽다… 나는 항상 과학이 내 문제에 대한 만병통치약이 될 것이라고 믿었다. 그러나 나는 영원한 생명이 없이 계속 살 수 있을지 모르겠다. 나는 이 의미 없는 실존을 벗어나 내가 영생을 얻는 방법을 정말 스스로 찾아야만 할 것 같다. 나는 내게 확실하게 영생의 길을 보여 줄 수 있는 누군가를 알고 싶다. 과학이 대답을 줄 수 없다면, 그렇다면 그 다음에는 누가 무엇을 할 수 있는가!? 우리의 삶에 목적을 주는 더 높은 유력자가 있는 것처럼 보이지 않는가? 그런데 과학은 없다고 말한다. 정말로 없다고 말한다."

당신은 이 여성처럼 느낀 적이 있는가? 당신은 그녀의 삶에 대한 불안한 마음과 관련이 있는가? 당신은 어쨌든 무신론 분야에 어떤 면이 있는지 참으로 궁금하게 생각해 본적이 있는가? 탁월하고 영향력 있는 철학자 버트랜드 러셀(Bertrand Russell)조차도 무신론 분야는 참으로 의미가 없다는 것을 깨달았다.

요즘 우리의 정신문명에 소망이 부족하다. 지금 보이는 것과 같은 이 고통으로 가득 찬 세상의 삶이 전부라면 인간의 존재는 의미가 없다. 그뿐이랴 인간은 이 여성이 말했듯이 "스스로 길을 찾아야 한다." 그녀는 모든 것을 의미 있게 만드는 영원한 생명이 있다는 것을 깨달았다. 그녀는 한때 인간이 영원히 살 수 있는 길을 과학이 찾아 주기를 기대했지만, 과학이 그것을 할 수 없다는 것을 깨닫게 되었다.

한때 그들이 열렬히 따랐던 어떤 사람이 진정으로 세상을 선하게 변화시킬 것이라고 믿었던 무리가 있었다. 신앙심이 두터운 소수의 유대인들은 예수라고 부르는 사람이 로마인들의 억압적인 속박을 깨고 지상에 영구히 하나님을 공경하는 왕국을 세우는 메시아(구세주)라고 생각했다. 그들의 선지자 이사야는 고대 유대인의 글에서 메시아가 오셔서 더 이상의 싸움, 억압, 두려움이나 죽음이 없는 낙원으로 모든 것을 회복시키고 모두가 평화롭게 영원히 함께 살게 될 것이라고 예언했다(사 11, 35장).

그러나 범법자로 몰려 사형 언도를 받고 로마의 십자가에 매달려 죽기 직전 극심한 고통으로 마지막 고뇌에 찬 숨을 내쉬는 메시아, 그들의 구세주를 바라보고 서 있을 때 그를 따르는 소수의 무리들의 정신적으로 정서적으로 끔찍한 상태를 상상해보라. 그들은 그분을 따르기 위해서 모든 것을 포기했다. 하지만 지금 여기서 그분은 십자가에 못 박히셨다. 죽으셨다! 그분께 걸었었다.

모든 소망이 처참히 무너져 내린 것과 같은 심정이었을 것이다. 그들은 우리가 위에서 인용한 여인과 같은 감정이었음에 틀림없다. 삶은 무의미해 보였다. 모든 것은 절망적이었다. 그들의 불합리한 존재로부터 나오는 길 즉 이상적인 영원한 삶을 향한 통로가 없는 것처럼 보였다.

막달라 마리아는 메시아이신 예수님을 따르는 사람 중 한 사람이었다. 그녀는 그분의 사역을 물질적으로 지원했으며 그분은 하나님이 세상에 영원한 평화를 가져 오기 위해서 선택하신 분이라고 믿었다. 그녀는 십자가 가까이에 서서(종교)지도자의 잔인한 처형 장면을 목격했다. 이제 그녀의 삶은 완전히 혼란에 빠졌다.

로마 군인들은 예수님이 죽으셨다고 확인한 후 십자가에서 그분을 끌어 내려서 새 무덤에 매장하도록 부유한 유대인 관리에게 시체를 내 주었다. 마리아는 매장이 끝난 후 그분의 무덤을 방문하기로 결심하고 참담한 현장을 떠났다. 주일 아침 일찍, 그녀는 무덤에 갔고 거기서 또 다른 좌절을 경험했다. 예수님은 부당하게 죽음을 당하셨을 뿐만 아니라, 놀랍게도 무덤이 열려 있었고 그분의 시체는 사라졌다. 누군가가 시체를 훔쳐 갔다는 두려운 마음으로 그녀는 예수님을 따르는 사람들 중 두 사람 베드로와 요한에게 달려가 자기가 본 것을 말했다. 철저한 불신상태로, 두 사람은 그녀의 이야기를 직접 확인하기 위하여 무덤으로 달려갔다.

그들이 무덤에 도착했을 때 그들은 수의의 겉모양이 본래대로 있는 것은 보았지만, 시체는 어디에서도 발견되지 않았다. 두렵고 혼란스러워 두 제자들은 집으로 돌아왔다. 그러나 마리아는 뒤에 남아 있었다. 그녀는 하나의 결정적인 모습 때문에 무덤 안을 다시 들여다보았다. 그녀가 보았던 것이 그녀를 깜짝 놀라게 했다. 빛나는 흰 옷을 입은 두 사람이 무덤 안에 있었다.

"여자여! 어찌하여 우느냐?" 천사들이 말했다.

"사람들이 내 주님을 옮겨다가 어디 두었는지 내가 알지 못함이니이다."(요 20:13) 여자가 말했다. 뒤돌아섰을 때 그녀는 더 놀라운 것을 보았다. 예수님이 살아나셔서 그녀의 바로 앞에 서 계셨다! 그러나 이상하게도 그녀는 그분을 알아보지 못하고 동산지기로 착각했다. 예수님은 천사들이 물었던 똑같은 질문을 하셨다.

"여자여! 어찌하여 울며 누구를 찾느냐?"

그녀는 누구에게 말씀을 하고 계시는지 여전히 몰라서 부드럽게 말했다. "주여 당신이 옮겼거든 어디 두었는지 내게 이르소서 그리하면 내가 가져가리이다"(15절).

그러나 그때 매우 민감한 순간에 예수님이 "마리아야!" 하고 그녀의 이름을 부르셨다. "랍오니(선생님)!" 그녀는 갑자기 그분을 알아 차렸을 때 소리를 질렀다(16절).

예수님이 살아나셔서 건강하고 완전한 모습으로 마리아 앞에 서 계셨다. 죽음이 메시아를 붙잡아 둘 수 없었다. 하나님께서는 그분의 사명을 완수하게 하시고 병들어 죽어가는 세상에 영원한 생명을 주시기 위해 그분을 부활 시키셨기 때문이다.

우리의 부활 소망

그리스도께서 십자가에 달리셨을 때 모든 사람들이 파멸되는 것처럼 보였다. 죽음이 이겼다. 그러나 삼일 후에 무덤에서 예수님은 다시 살아나셔서 나타나셨다. 그 소식은 너무 충격적이어서 그분을 따르는 자들은 그분이 자신의 신체인 손과 발의 못자국을 그들에게 보여 주실 때까지 그 사실을 믿지 않았다. 예수님은 제자들에게 다음과 같은 놀라운 주장을 하셨다. 훗날에 그들 역시 그분과 같이 결코 쇠퇴하거나, 노쇠하거나, 멸망하지 않을 몸으로 부활할 것이다. 그들은 다른 방법으로는 의미가 없는 생존에 의미를 가져다 줄 하나의 위대한 소망이 실현될 것이다. 그들은 사랑하는 하나님 앞에서 죽음이나 고통 없이 영원히 새로운 삶을 살게 될 것이다. 부활은 기독교가 소망 없는 세상에 주는 소망으로 우리는 사후에 고통과 괴로움으로부터 벗어나 하나님과 함께 자유와 무한한 기쁨을 누리게 될 것이다. 많은 비평가들의 주장하는 바에도 불구하고 부활에 대한 믿음은 우리를 "전혀 쓸모없는 사람"으로 만들지는 않는다. 실제로, 그것은 우리에게 미래에 대한 소망을 주고 현재 우리가 사람과 피조물을 어떻게 대하느냐에 영향을 준다. 영원한 생명에 대한 이 믿음은 소망 없는 세상에서 우리를 기분 좋게 만들기 위해서 고안된 그림의 떡 같은 개념이 아니다. 그것은 견고한 증거에 기초한 믿음이다. 우리는 이 소책자에서 너무도 강력해서 대응할 수 없는 증거를 조사할 것이다.

부활의 사활(死活)에 관한 중요성

  부활의 역사적 사실은 바로 기독교 신앙의 토대이다. 부활의 역사적 사실은 믿음의 선택 항목이 아니다. 그것은 믿음이다! 예수 그리스도의 부활과 기독교는 함께 서 있거나 함께 쓰러진다. 하나는 다른 하나 없이는 사실일 수 없다. 기독교의 진리에 대한 신앙은 단지 우리 또는 다른 누군가의 믿음에 대한 믿음이 아니라 도리어 역사적으로 부활하신 그리스도에 대한 믿음이다. 예수님의 역사적인 부활이 없다면 그리스도인의 믿음은 단순히 일시적인 위안일 뿐이다. 문자 그대로의 육체의 부활이 없다면, 우리는 하나님과 교회 그리고 도덕적인 준칙조차도 망각할지도 모른다. 우리는 단지 "내일 죽을 터이니 먹고 마시자"고 하는 것이 나을지도 모른다(고전 15:32).

반면에, 그리스도께서 죽은 자 가운데서 살아나셨다면, 바로 이 순간에도 살아계시기 때문에(고전 15:4) 우리는 또한 그분을 개인적으로 알 수 있다. 우리의 죄는 용서 받았다(3절). 그리고 그분은 죽음의 권세를 깨뜨리셨다(54절). 더 나아가 그분은 우리 역시 언젠가 부활할 것이라고 약속하신다(22절). 우리는 그분이 온 세상을 다스리시는 주권자이시기 때문에 그분을 믿을 수 있다(27절). 그분은 우리에게 궁극적인 승리(57절)와 의미 있는 삶(58절)을 주실 것이다.

영국의 신학자 니컬러스 토마스 라이트(N. T. Wright)는 부활이 교회 생활에서 얼마나 중요한지를 다음과 같이 설명한다.

"창의력이 풍부한 학자들이 상상력으로 만든 문서는 약간 있지만 예수님의 치욕스러운 죽으심 이후 하나님께서 그분을 다시 살리셨다는 그 핵심을 확신하지 못하게 하는 우리에게 알려진 초기 기독교 문서는 없다. 바울 시대에 이미 우리의 가장 초기에 기록된 문서들, 즉 예수님의 부활은 단지 따로 따로 독립된 신앙의 규범(믿어야 할 교리. 어떤 진리에 대하여 교회가 공적으로 정의(定義)하고 선언한 신앙 조항. 이렇게 정식 선언한 교리를 반대하는 것은 이단으로 판정된다-역주)이 아니다. 이 문서들은 실로 그리스도인과 그들의 사상 체계로 엮여 있다."

예수님의 부활은 정확히 역사적인 사실이지만 사실 이상이다. 우리는 나중에 부활이 실제로 일어났다는 강력하고 검증된 증거가 있음을 보여줄 것이다.

부활의 개인적인 의미
죽음에 대한 두려움으로부터의 자유

인간은 일반적으로 죽음을 두려워한다. 죽음은 또한 무서운 일이다. 생존이 끝나는 것을 상상하는 것은 극히 어려운 일일 뿐만 아니라 무서운 일이다.

왜 우리는 어김없이 죽음을 두려워하는가? 여섯 가지 이유를 제시하겠다.

1. 죽음은 신비에 싸인 미지의 세계다.
2. 우리는 혼자서 죽음을 맞이해야 한다.
3. 우리는 우리의 사랑하는 사람들과 헤어져야 한다.

4. 우리의 개인적인 소망과 꿈을 실현하지 못할 것이다.

5. 죽음은 우리가 전멸할 가능성을 제기할 것이다.

6. 죽음은 피할 수 없다.

성경은 죽음이 감정적으로 힘든 면에서 완전한 해방을 결코 약속하지 않지만 우리는 죽음에 대한 두려움을 완전히 마비시키는 승리가 우리 손 안에 있다고 말씀한다. 부활에 관한 성경의 교리를 확실히 이해하면 미지의 세계로 가는 우리의 마지막 여정을 약하게 하는 두려움에서 우리를 벗어나게 한다.

부활은 우리의 투쟁, 실망 및 고난이 아무리 우리를 황폐화시켜도 이것들은 일시적일 뿐임을 명백하게 한다. 당신에게 무슨 일이 일어난다 해도, 당신이 직면하는 비극과 고통이 뭐래도, 또는 당신과 당신의 사랑하는 사람들의 죽음이 아무리 당신을 쫓아다니며 괴롭히더라도 부활은 당신에게 무한한 가치의 미래를 약속한다.

우리의 소망과 요망의 성취

많은 사람들이 천국에 대해 가지고 있는 태도를 표현한 공상과학 소설가 아이작 아시모프(Isaac Asimov)는 다음과 같이 썼다.

"나는 내세를 믿지 않는다. 그래서 지옥을 두려워하거나 천국을 더 두려워하면서 평생을 보낼 필요가 없다. 지옥의 심한 고통이 무엇이든 나는 천국의 따분함이 훨씬 더 나쁠 것이라고 생각한다."

슬프게도 사후 세계에 대한 이런 비슷한 견해는 심지어 그리스도인들 사이에서도 흔히 있다. 천국에 대한 우리의 시각을 종종 교회 예배가 길어져 지루하고 따분한 데에 한정시킨다. 또는 만화와 농담의 영향을 받은 많은 사람들이 천국 거문고를 가볍게 켜면서 우리가 긴 흰 웃옷을 입고 구름 사이를 어슬렁어슬렁 거니는 곳이라고 생각한다. 어떻든 우리의 천국에 대한 이미지는 우스꽝스럽게 왜곡되고, 죽음 이후의 삶에 대한 기대는 우리의 상상력을 사로잡거나 삶을 변화시키지 못했다.

나는(션) 최근에 내가 가르치는 학생들에게 그들이 죽어서 천국에 갈 날이 3일밖에 남지 않았다면 무엇을 할 것인지 물었다. 그들은 남은 며칠을 어떻게 보낼 것인가? 그들의 대답은 스카이다이빙, 여행, 파도 타기, 물론 연애를 하는 것도 포함되었다. 나는 간단하게 다음과 같이 질문했다. "그렇다면, 이 세상에서 즐거움과 경험이 될 수 있는 일을 여러분이 죽기 전에 하지 않는다면 여러분은 그 일이 천국에는 전혀 없기 때문에 놓칠 것이라고 생각하는가?" 두 학생을 제외하고 모두 예라고 대답했다. 천국에 대한 예상은 그들을 실망시키고 낙담시켰다.

그러한 영원에 대한 전망의 부족은 사람들로 하여금 낙담하게 만들고 죄를 짓게 한다. 그들 중 많은 사람들은 그들이 지금 어떤 즐거움을 경험하지 못한다면 그들의 기회는 사라질 것이고 결코 경험하지 못할 것이라고 생각한다. 그들은 천국이 실제로 어떤 것인지에 대한 잘못된 심상을 그들의 마음속에 지니고 때문에 이런 태도를 받아들인다.

우리는 너무나 자주 육적이거나 물질적인 것이 아닌 정신적인 해석으로 새 하늘과 새 땅을 영적인 의미로 해석하도록 가르쳐 왔다. 흔히 사람들은 영적인 것을 마음에 상기할 때 그들은 그것을 실제로 보거나 만질 수 없는 실체가 없는 것을 의미한다고 생각한다. 이것은 광범위한 오해를 불러일으켰으며 하나님의 물질적인 창조가 천국을 포함하여 진정으로 영적인 것들에 비해 아무래도 열등하다고 생각하게 하는 원인이 되었다. 많은 사람들은 그들에게 또한 천국에서 우리는 튼튼하고 실질적인 참으로 육체가 없는 것을 의미하는 영적인 존재가 될 것이라고 믿는다. 이런 견해는 육체와 영적인 것 사이의 비 성경적인 구분을 이끌어 내며, 많은 사람들로 하여금 영적인 존재만이 선하고 육체는 일시적이고, 한 번 쓰고 버리는 것이며, 심지어 어떤 면에서는 악하다고 생각하게 한다.

그러한 견해는 심각한 문제가 있다. 이렇게 믿는 사람은 세상의 물질적인 것을 창조하신 후 마지막 날에 하나님께서 그분의 일이 선하다고 선언하셨다는 사실을 잊어버리는 경향이 있다. 하나님은 그분이 원자와 분자, 세포와 먼지로 창조하신 모든 것을 "좋았다"고 말씀하셨다. 새 하늘과 새 땅은 우리의 육체가 부활할 것이기 때문에 단지 영적인 존재(실제로 보거나 만질 수 없는 존재)로 이해될 수 없다. 육체가 없는 부활은 빛깔이 없는 무지개와 같다. 그것은 모순이다.

사도 바울이 우리 자신의 부활을 설명할 때, 그는 이렇게 말한다.

"나팔 소리가 나매 죽은 자들이 썩지 아니할 것으로 다시 살아나고 우리도 변화되리라 이 썩을 것이 반드시 썩지 아니할 것을 입겠고 이 죽을 것이 죽지 아니함을 입으리로다 이 썩을 것이 썩지 아니함을 입고 이 죽을 것이 죽지 아니함을 입을 때에는 사망을 삼키고 이기리라고 기록된 말씀이 이루어지리라"(고전 15:52-54).

바울은 이 말씀에서 우리에게 몸이 없는 영이 될 것이라고 말하지 않는다. 실로 그는 우리에게 그 반대라고 말한다. 우리는 바로 지금 우리가 가지고 있는 육체와 같은 실제적인 육체를 갖게 될 것이지만 우리의 육체는 불멸의 상태가 될 것이다. 우리의 육체는 더 이상 질병, 나이, 죽음으로 파괴를 당하지 않을 것이며 결코 죽지 않을 것이다. 우리의 육체는 놀라울 정도로 아름답고, 대단히 강하고, 아주 건강하며, 노화(老化)와 죽음에 손상되지 않고 모든 면에서 정말로 완전할 것이다.

지금 우리가 살고 있는 세상은 우리에게 하나님께서 새 하늘과 새 땅(계 21장)에 이르게 하실 때 우리가 경험하게 될 기쁨과 즐거움을 희미하게 감지하게 한다.

그의 저서 「천국」에서 랜디 알콘(Randy Alcorn)은 다음과 같이 설명한다.

"평생에 우리는 우리가 새 땅을 꿈꾸어 왔다. 우리가 물, 바람, 꽃, 사슴, 남자, 여자 또는 아이에게서 아름다움을 볼 때마다 우리는 천국을 언뜻 볼 수 있다. 에덴동산처럼 새 땅은 감각적인 즐거움, 숨이 멎을 듯한 아름다움과 만족스러운 관계 그리고 개인적인 기쁨의 장소가 될 것이다."

우리는 메마른 환경에서 살거나 할 일 없이 끝이 없는 구름 사이를 떠돌지 않을 것이다. 우리는 태풍, 지진, 가뭄, 홍수 또는 어떤 다른 재난도 없는 완전한 새 땅에서 살 것이다. 생물들은 쉽게 자랄 것이며 잡초들과 가시들은 존재하지 않을 것이다. 동물들은 우리를 해치는 것이 아니라 오히려 그들의 지도자와 후원자로서 우리에게 호의적으로 보일 것이다.

우리는 새 땅에서 우리가 부활하여 생활하는 모든 것을 말로 묘사할 수는 없지만, 이것을 우리는 절대적으로 확신할 수 있다. 하나님은 우리의 기쁨과 즐거움을 위해 땅을 창조하셨기 때문이다. 그러나 모든 즐거움은 이제 인간의 반역으로 손상되었지만, 하나님은 그들 가운데 어느 것도 잃어버리지 않으실 작정이시다. 하나님이 창조하신 모든 것은 회복될 것이다. 하나님은 우리를 너무나 깊이 사랑하시기 때문에 그분은 우리를 창조하실 때 원래 의도하셨던 모든 즐거움을 경험하기를 원하신다.

부활이
일어난 사실을
믿을 수
있는가?

2

부활은 사실인가? 믿을 만한가?

    예수님의 부활이 일어났는가? 그렇지 않으면 일어나지 않았는가? 부활은 객관적인 사실이다. 그래서 부활은 한 사람에게는 사실일 수 없고 다른 사람에게는 거짓일 수 없다.

    우리는 부활을 어떻게 알 수 있는가? 나(션)는 이전에 내가 가르치는 학생들과 다음과 같은 실험을 했다. 나는 학생들 앞에 대리석 병을 놓고 "이 병 안에 구슬이 몇 개가 들어 있는지 아는가?"라고 물었다. 그들은 221개 168개 등 서로 다른 추측으로 대답했다. 그들에게 188개라는 정확한 수를 가르쳐 주고 난 후, 재차 물었다. "자네들은 몇 개가 정확한 개수에 가장 가깝다고 생각하는가?" 그들은 모두 168개가 가장 가까운 추정치라는 데 동의하는 한편 그들은 구슬의 수가 객관적인 사실의 문제이지 개인의 취향에 따라 결정되는 것이 아니라는 것을 이해하고 동의했다.

다음 나는 각 학생에게 스타버스트 사탕(Starburst candy-영국에서 생산되는 사탕-역주)을 나누어주고 "어느 맛이 옳은가?"라고 물었다. 당신이 예상했던 대로 그들은 모두 각각 자신들이 선호하는 것이 있기 때문에 모든 사람들이 무의미한 질문이라고 생각했다. "맞아." 나는 결론을 내렸다. "진짜 맛은 사람의 취향과 관련이 있다. 그것은 주관적인 의견이나 개인적인 취향의 문제이지 객관적인 사실은 아니다." 나는 다시 물었다. "종교적인 주장은 병속에 든 구슬의 개수와 같은 객관적인 사실인가, 아니면 하나의 사탕을 선호하는 것과 같은 개인적인 견해의 문제인가?" 대부분의 학생들은 종교적인 주장이 사탕을 선호하는 것과 같은 범주에

속한다는 결론을 내렸다. 나는 기독교가 예수님의 부활이라는 객관적이고 역사적인 사실에 근거한다는 것을 언급했다. 많은 사람들이 예수님의 역사적인 부활을 거절 할 수는 있지만, 부활은 "당신에게는 진실이 될 수 있고 나에게는 사실이 될 수 없다"고 주장하는 유형이 아니라는 것을 상기시켰다. 무덤은 사흘 날에 비어 있었거나, 사용되고 있었다. 중간 지대는 없다. 누구든지 예수님의 부활을 완전히 바꿔 놓는 능력을 파악하기 전에 부활은 개인적인 선호의 문제가 아니라 객관적인 사실이라는 것을 깨달아야 한다.

예수님께서 죽은 자 가운데서 살아나셨는가 그렇지 않은가 하는 질문에 대한 진정한 답을 얻으려면 어떻게 해야 하는가? 비판적인 역사가는 증인들의 기록의 타당성을 조사하고 십자가에 못 박혀 죽으신 예수님의 죽으심을 확인하고 장례 절차를 거듭 살피고 빈 무덤과 예수님이 사흘 만에 살아나셔서 나타나신 것에 대한 보고를 확인할 것이다. 그 당시 사건에 대한 가능한 모든 대체 설명을 고려하는 것이 현명할 것이다. 흥미롭게 들리지 않는가? 잠깐만 기다리면 이 소책자의 나머지 부분에서 이것은 엄밀히 우리가 할 일이다.

기적에 대한 이야기가 사실성을 은밀히 훼손하는가?

그러나 먼저 우리가 공개적으로 부활의 증거를 검토하기 전에 기적의 가능성을 고려해야 한다. 만약 기적이 본질적으로 불가능하다면, 부활은 일어나지 않았을 것이다. 우리는 부활을 확인하는 것 같은 사건에 대한 몇 가지 자연스러운 설명을 찾아야 한다. 그러나 우리가 기적이 적어도 가능하다고 결론을 내린다면 우리는 편견 없이 다음의 증거를 받아들이기 쉬울 것이다. 우리는 이 연구를 할 때 신약학자 크레이그 블롬버그 박사(Dr. Craig Blomberg)가 지적한 다음 두 가지 중요한 고려해야할 사항을 명심해야 한다.

"기적 이야기의 신뢰성에 관해서 가장 독실한 신자조차도 회의론자가 느끼는 긴장감을 공유해야 하는 직관적인 감각이 있다. 또한, 기적의 가능성에 열려 있는 사람조차도 초자연적인 모든 생소한 이야기를 믿지 않는다."

즉, 자연 법칙의 일반적인 작용에 반하는 것으로 보이는 사건에 관해서 들을 때마다 우리는 자연스럽게 경계 자세를 취한다. 우리는 속고 싶지 않기 때문이다. 그래서 우리는 우리가 들었던 것과 자연이 작용하는 방식을 비교한다. 더욱이 우리는 자연이 확고히 굳혀진 예측 가능한 방식에 따라 작용한다는 것을 안다.

그럼에도 불구하고 그와 동시에 우리는 우리의 범주에 맞지 않기 때문에 기적의 가능성을 배제함으로써 기적에 대한 증거를 미리 판단해서는 안 된다. 사실을 검토하기 전에 조사 결과를 결정하는 것은 아주 비 과학적이다. 문제점을 논증하기 위해 다음과 같은 실화를 생각해 보라. 의문점을 논증하려면 다음과 같은 실화를 검토해 보라. 18세기 말경 서구 세계는 처음에 오리 같은 주둥이를 가진 오리너구리와 마주 쳤다. 고유의 오리너구리는 전신에 모피가 있고, 토끼 크기로 발에 물갈퀴가 있다. 그러나 오리너구리는 알을 낳기 때문에 파충류처럼 번식한다! 오리너구리의 가죽을 처음 유럽으로 가져 왔을 때 아주 놀랍도록 환영을 받았다. 오리너구리는 포유류인가? 아니면 파충류인가? 오리너구리는 너무 기괴해 보여서 물질적인 증거와 증인의 증언에도 불구하고 많은 런던 시민들이 그것을 가짜라고 결론을 내렸다. 잉태한 오리너구리가 총에 맞아서 관찰자들이 자신의 눈으로 볼 수 있게 런던으로 가지고 와서야 사람들이 믿기 시작했다. 이런 일이 일어날 때까지, 일부 유명한 사상가들은 오리너구리의 존재를 받아들이기를 거부했고, 다른 사람들은 오리너구리의 생리 기능에 대한 독특한 주장을 의심했다. 기독교 변증가 로스 클리포드(Loss Clifford)는 "그것은 세계가 어떻게 움직이고 있는지에 관한 몇 사람의 견해에 맞지 않고 그래서 그들은 그것을 거부했고 비록 증거의 중요성이 그렇지 않다고 하더라도 그들의 독단적인 결정에 이르게 되었다."
고 했다.

오리너구리 이야기에 대한 사람들의 반응은 많은 사람들이 부활에 대해서 반응하는 방식과 유사하다. 그러한 사건이 그들의 세계관에 맞지 않기 때문에 많은 사람들이 부활에 대한 증거에 주의를 기울이기를 꺼려 한다. 물론 그러한 반응은 객관적인 실재의 결핍을 드러내며 증거를 고려할 때 편견이 이성을 지배하게 한다. 기적이 불가능하거나 그 기적이 일어날지라도 우리는 충분히 조사하기 전에 결론을 내리는 것보다 기적이 일어날 수도 있고 일어나지 않을 수도 있다는 것을 인정하는 중립적인 입장을 취해야 한다. 그러면 우리는 증거를 객관적으로 조사하고 그것이 우리를 어떤 결론으로 이끄는지 알 수 있다. 크레이그 블롬버그(Craig Blomberg)는 과학 법칙과 기적의 실존에 대한 타당성을 옹호하는 사람들의 입장을 다음과 같이 설명한다.

"물리학의 모든 놀라운 발전에도 불구하고 아무도 아직 증명하지 못했고 전통적으로 유대인들과 기독교인들에 의해 시작된 하나님이 존재하신다면 왜 그분이 자연의 불변하는 규칙적인 질서를 가끔 중지시키거나 만약 그렇지 않다면 초월하지 못하실 수 있겠는가… 물리적인 과학은 몇 세대에 걸쳐서 있었던 것보다 더 하나님의 존재의 가능성을 훨씬 더 잘 받아들이는 것으로 보인다."

노만 가이슬러(Dr. Norman Geisler) 박사는 그것을 이렇게 설명한다.

"기적에 대한 확신은 과학적인 방법론의 본래의 모습을 파괴하지 않는다. 단지 과학의 자주권만 파괴한다. 사실상 과학은 모든 사건을 자연 현상으로 설명하려는 주권적인 주장일 뿐만 아니라 규칙적이고 되풀이 될 수 있는 예측 가능한 것들만 주장한다."

기적은 하나님이 존재하지 않으신다고 가정 할 때만 불가능하다. 무신론이 논증할 수 있는 증거에 외에 하나님이 세상에 직접 개입하셨다는 가능성뿐만 아니라 그렇게 해 오셨다는 증거에 열려 있어야 한다.

역사의 확증

빈 무덤, 세마포, 굴려져 있는 큰 돌 그리고 예수님의 모습은 단순히 마음속에 있는 생각이거나 역사상의 사건일 뿐입니다. 빈 무덤, 세마포, 굴려져 있는 큰 돌 그리고 예수님의 모습은 단지 마음속에 있는 신념이거나 아니면 역사적인 사건이다. 그러므로 역사적인 연구는 부활절이 처음 실제로 일어난 일을 결정하는 데 필요하다.

예수님의 죽으심과 부활하심에 대한 증거는 솔직하고 공정하며 열린 마음으로 접근해야 한다. 비록 우리가 이 문제에 관해 우리 자신의 선입견과 결론을 가지고 있다할지라도, 그들에 의해 편견을 갖도록 해서는 안 된다. 증거 그 자체가 말하도록 하라. 역사학자 로널드 사이더(Ronald Sider)는 다음과 같이 썼다.

"우리는 경험하지 못한 뚜렷한 증거 없이 주장하는 사건에 대한 완전한 증거를 요구할 권리가 있지만, 우리는 또한 우리의 한정된 경험으로 실체를 감히 판단해서는 안 된다. 나사렛 예수님의 부활에 대한 완전한 증거가 있는 것을 제시하고자 한다."

우리가 여기서 확증하는 것은 그들의 영감이 아니라 성경의 역사적 신뢰성과 정확성이다. 독자는 성경이 영감을 받았다는 결론에 이를 수도 있지만, 그런 결론은 역사적인 사건으로써 예수님의 삶과 죽으심과 부활하심을 조사하는 데에는 필요하지 않다.

그리스도의 부활은 역사상 다른 사건을 조사할 때 사용된 기준과 동일한 기준에 따라 조사해야 한다. 초대 교회의 신앙은 현실 세계에서 입증할 수 있는 사건을 관찰한 사람들의 경험에 근거를 두었다. 예를 들어 누가는 다음과 같이 말한다.

"우리 중에 이루어진 사실에 대하여 처음부터 목격자와 말씀의 일꾼 된 자들이 전하여 준 그대로 내력을 저술하려고 붓을 든 사람이 많은지라 그 모든 일을 근원부터 자세히 미루어 살핀 나도 데오빌로 각하에게 차례대로 써 보내는 것이 좋은 줄 알았노니 이는 각하가 알고 있는 바를 더 확실하게 하려 함이로라"(눅 1:1-4).

누가의 신중한 의도는 실제적인 역사적 사실을 관련시키는 것이었다.

목격자의 설명

신약성경의 그리스도에 대한 기록을 신뢰하는 한 가지 이유는 기록이 목격자들 또는 목격자들의 기술에 의해서 기록되었다는 것이다. 역사가 루이스 고트샬크(Dr. Louis Gottschalk) 박사는 자료의 정확성 조사에 대한 저술에서, "진실을 말할 수 있는 능력은 그 사건과 증인이 근거리에 있느냐에 달려 있다"고 말한다. 근거리는 여기서 지리적 및 시간적 의미로 사용되었다. 신약의 기록자들은 들은 소문을 전달하지 않고 사건을 개인적으로 조사하고, 대부분의 경우 자신의 눈으로 목격했다.

⊙베드로후서 1장 16절은 "우리 주 예수 그리스도의 능력과 강림 하심을 너희에게 알게 한 것이 교묘히 만든 이야기를 따른 것이 아니요 우리는 그의 크신 위엄을 친히 본 자라"고 말씀한다.

⊙요한 1서 1장 1절은 우리에게 "태초부터 있는 생명의 말씀에 관 하여는 우리가 들은 바요 눈으로 본 바요 자세히 보고 우리의 손으로 만진 바라"고 말씀한다.

⊙누가는 "그가 고난 받으신 후에 또한 그들에게 확실한 많은 증 거로 친히 살아 계심을 나타내사 사십 일 동안 그들에게 보이시 며 하나님 나라의 일을 말씀하시니라"(행 1:3)고 말씀한다.

⊙사도행전 2장 32절은 베드로의 증언을 이렇게 기록한다. "이 예 수를 하나님이 살리신지라 우리가 다 이 일에 증인이로다."

⊙요한은 "이를 본 자가 증언하였으니 그 증언이 참이라 그가 자기의 말하는 것이 참인 줄 알고 너희로 믿게 하려 함이니라"(요 19:35)고 말씀한다.

그들의 증언이 사실임을 뒷받침하기 위해서 사도들은 위협을 받고, 매를 맞고, 투옥되고 일부 사람들은 그들의 신앙 때문에 죽임을 당했지만 부활하신 그리스도에 대한 그들의 믿음을 부인하기를 거부했다. 사도행전의 첫 장에서 가리키듯이, 사도들은 박해 가운데서 부활하신 예수님을 선포했다. 예수님이 무덤에서 부활하셨다는 그들의 강한 확신 때문에 사도들은 기꺼이 그들 자신의 삶을 위험에 처하게 했다. 예를 들어, 예루살렘에서 사도들은 그들이 공개적으로 부활을 선언한 것 때문에 종교 지도자들에게 위협을 받고 투옥되었다. 그럼에도 불구하고 베드로와 요한은 "하나님 앞에서 너희의 말을 듣는 것이 하나님의 말씀을 듣는 것보다 옳은가 판단하라 우리는 보고 들은 것을 말하지 아니할 수 없다"

고 응답했다(행 4:19-20).

사도들 중 어떤 사람도 주장을 철회했다는 기록은 없다. 그리고 우리는 그들 중 일부가 순교했다는 것을 안다. 이것만으로 부활이 사실임을 입증하지는 못하지만, 그것은 사도들이 실제로 부활을 믿었음을 보여 준다. 그들은 거짓말쟁이가 아니었다.

불일치가 역사적인 확실성을 약화시키는가?

아마도 복음서에서 발견되는 부활 이야기의 신뢰성에 대한 가장 일반적인 반대는 그들이 서로 모순되기 때문에 신뢰할 수 있는 역사적인 기술이 아니라는 주장일 것이다. 예를 들면 사복음서는 우리에게 마리아가 부활하신 예수님을 처음 보았다고 말하는 반면에 고린도전서 15장 5절은 사도 베드로가 첫번째 증인이라고 말씀한다. 마가는 예수님께 향품을 바르기 위해 해 무덤에 갔던 여자들이 "흰옷을 입은 한 청년이 우편에 앉은 것을 보았다"(막 16:5)고 말씀한다. 마태는 천사가 "눈같이 흰 옷"을 입었다고 증언한다(마 28:3). 누가는 "문득 찬란한 옷을 입은 두 사람"이 그들에게 나타났다고 말씀한다(눅 24:4). 이 진술이 완전히 서로 모순되기 때문에 따라서 이 진술의 신뢰성을 훼손하지 않는가?

아니다. 진술은 다를 수 있으나 모순이 될 수 없다. 어느 쪽의 사실도 기반을 약화시키지 않는 차이에 대한 설명이 있을 수 있다. 따라서 입증의 책임은 진술이 서로 양립할 수 없는 모순이라고 주장하는 사람에게 있다. 사복음서에 이해하기 어려운 점이 있다 해도 학자들은 빨리 추측해서 사복음서가 진짜 모순이 있다고 해서는 안 된다. 대부분의 학자들은 이제 복음서의 양식이 고대 그리스와 로마의 전기라는 데 동의한다. 이 양식은 사람들이 그들이 일상대화에서 일반적으로 사용하는 보고 들은 것을 전하는 것과 똑같은 융통성을 기록자들에게 허용했다. 예를 들어 누가는 다양한 이야기를 전하는 것을 간단하게 하기 위해 경과한 기간을 요약하는 "압축"이라는 일컫는 기법을 사용한다. 특히, 그는 이런 모든 사건들이 부활 주일에 일어났다는 인상을 남길 수 있도록 어떤 면에서 부활의 시간, 부활하신 그리스도의 모습, 그리고 그분의 승

천을 요약한다. 그러나 요한복음은 이 복음서에 일어난 사건이 장기간에 걸쳐 일어났음을 보여 준다. 이것은 모순인가? 아니다. 오히려 누가의 요약은 그리스의 영향을 받은 로마의 전기에서 받아들여진 수사적 기교였다. 그러한 차이를 모순이라고 주장하는 것은 복음의 신뢰성에 의문을 제기하기보다는 문체의 양식에 대한 무지를 드러낸다. 후기 신약학자인 존 웬함(John Wenham)은 자신의 저서 「부활절의 수수께끼(Easter enigma)」에서 부활 사건의 그럴듯한 조화를 제공한다. 그는 복음서를 세심하게 조사한 후에 다음과 같이 결론을 내린다.

"나는 복음서의 기록자들이 정직하고 잘 알고 있는 사람들이라는 것에 의심의 여지가 없었다… 그러나 나는 모든 면에서 결코 그 이야기가 정확하다는 견해를 수용하지 못했다. 나는 복음서의 기록자들이 정직하고 잘 알고 있는 사람들이라는 것에 의심의 여지가 없었다… 그러나 나는 그 이야기가 세세한 부분에서 정확하다는 입장을 결코 분명히 하지 못했다… 사실 나는 외관상으로 아주 다루기 어려운 특징의 차이 때문에 부활 이야기에 대한 초기 연구에 깊은 인상을 받았다… 내가 할 수 있는 모든 것을 읽고 그리스어 원문을 주의 깊게 공부하면서 나는 점차 많은 이해하기 힘든 복잡한 문제들이 하나로 합쳐지는 것을 알게 되었다. 이 부활 이야기들은 이제 정확하고 독립적인 정보제공의 요건으로 잘 알려진 특징을 놀라운 방법으로 내게 제시하는 것으로 생각된다. 이는 표면적으로 부활 이야기가 큰 불일치를 보여 주지만, 면밀히 조사를 해보면 세부 사항이 점차적으로 딱 맞아 떨어진다."

차이점에도 불구하고 부활 이야기를 면밀히 분석하면 숨겨진 일치가 드러난다. 철학자 스티븐 데이비스(Stephen Davis) 다음과 같이 언급한다.

"세부 사항의 차이에도 불구하고, 사복음서의 기록자들은 우리가 기본적인 사실이라고 말할 수 있는 것에 대해 기막힐 정도로 일치한다. 모든 사복음서 기록자들은 그 주의 첫날에 몇몇 여자들 중 막달라 마리아가 무덤에 갔고 그들은 한 천사 또는 천사들을 만났고 그들은 예수님이 살아나셨다는 것을 전해 들었고 목격했다는 것을 선언하는데 모두 일치한다. 요한과 적어도 각각의 공관 복음 기록자들 사이에 또한 이 점에 대해 두드러진 일치가 있다. 여자들은 베드로에게 알렸고 다른 제자들에게 그들이 발견한 것을 알렸고 베드로는 무덤에 가서 무덤이 비어있는 것을 발견했고 부활하신 예수님이 여자들에게 나타나셨고 그들에게 제자들에게 전할 교훈을 주셨다."

뚜렷한 차이점이 긍정적인 증거를 제공하는가?

　변호사, 철학자, 역사가, 언론인 및 기타 사람들은 분명한 차이점이 복음서의 신뢰성을 떨어뜨리기보다는 실제로 신뢰성을 지지한다는 사실을 발견했다. 니콜라스 토마스 라이트(Nicholas Thomas Wright)는 복음서의 이야기의 부정확성과 숨이 막힐 듯한 특성이 실은 복음서의 가치를 증가시켰다고 진술한다. "그는 말하기를 복음서는 '목격자 증언이 보이고 말하는 소리가 들리는 것 같다'고 했다."

　폴 마이어(Paul Maier) 박사는 "부활의 서술의 차이는 그들의 확실성을 약화시키기 보다는 오히려 지지하는 경향이 있다. 복음서는 실제로 그들에게 일어났음에 틀림이 없는 어떤 사건에서 비롯된 몇 가지 독립적인 구전이 있었다는 것을 보여 준다."는 결론을 내린다.

우리는 부활의 첫째 날에 일어난 일을 이해하기 위해 설명해야 할 증거 몇 가지를 자세히 살펴볼 것이다.

부활의 증거

예수님은 죽으셨고,
묻히셨고
부활하셨는가?

3

예수 그리스도의 십자가에 못 박히심과 죽으심

　유대인들은 예수님이 자신의 부활을 예언하셨다는 사실을 잘 알고 있었다. 그분을 따르는 자들이 예수님이 돌아가셨고 다시 살아나셨다는 것을 보여줄 수 있는 특별한 조치를 취할까봐 두려워서 유대인들은 동시에 그분이 죽으셨고 죽으신 채로 없어지지 않으시고 무덤에 남아 있으신 것이 확실하다는 비상한 예방 조치를 했다. 이러한 예방책 중 첫번째는 십자가에서 못박혀 죽으신 것이었다. 십자가에 못박혀 죽으신 것은 공개적이고 잔인하며 그리고 확실했다.

십자가 처형의 잔인성

십자가에 못 박는 것은 예수 그리스도께서 활동하셨던 시대의 일반적인 처형 방법이었다. 로마의 웅변가이며 정치가 그리고 철학자인 키케로(Cicero)는 십자가 처형은 "가장 잔인하고 끔찍한 고문"이며 "노예에 대한 가혹한 최악의 형벌"이라고 말했다. 십자가 형벌은 너무나 소름끼치고 비열해서 로마인들은 보통 로마 시민을 제외한 노예들이나 반역자들의 반란을 저지하기 위해 유지했다. 십자가 형벌은 주로 정치적인 경우에 이용되었다.

"그 고통은 절대적으로 견딜 수 없었다"고 의학박사이며 철학박사인 알렉산더 메드럴(Alexander Metherell)은 다음과 같이 진술한다.

"사실, 그 고통은 문자 그대로 말로 표현할 수 없었다. 그들은 새로운 말(극심한 고통)을 찾아내야 했다. 문자 그대로, 극심한 고통은 '십자가로부터'라는 뜻이다. 생각해 보라. 그들은 십자가에 못 박히는 동안 일어난 극심한 고통을 묘사할 수 있는 말이 없었기 때문에 새로운 말을 만들어야 했다."

채찍질하는 관습

법정에서 십자가에 못 박으라는 판결이 선포된 후, 피고인을 기둥에 묶는 것이 관습이었다. 범죄자는 옷이 벗겨지고 군병들에게 심하게 매질을 당했다. 복음서는 예수님께서 십자가에 못 박히시기 전에 심히 매질을 당하셨다고 기록한다(요 19:1, 마 27:26, 막 15:15).

일반적으로 사용된 채찍은 길이가 다른 긴 가죽 끈이 달린 튼튼한 손잡이가 달려 있었다. 날카로운 톱니 모양의 뼈와 납 조각이 끈으로 엮여져 있었다. 미국 의학 협회 정기 간행물은 다음과 같이 기록한다.

"로마 군인들은 피해자의 등을 온 힘을 다해 내리쳐 철 뭉치가 심한 타박상을 일으켰고 가죽 끈과 양 뼈는 피부와 피하 조직을 손상시켰다. 그 다음에 채찍질이 계속되면서 열상(피부가 찢어져서 생긴 상처-역주)은 밑에 있는 골격근(骨格筋)을 찢어 피가 나는 육체의 흔들리는 찢어진 조각을 만들어 낸다."

의학적인 치료를 받지 않으면 피부와 근육에 대한 이런 열상은 몇 시간 또는 며칠 이내에 사람을 죽일 수 있다.

십자가 처형이 어떻게 죽음을 초래하는가

십자가에 매달려 있는 동안, 희생자가 숨을 쉬는 것은 매우 어려웠다. 적절하게 숨을 들이 마시고 숨을 내쉬기 위해서 그는 타는 듯이 아픈 통증을 일으키는 그의 손과 발로 몸을 폈다. 시간이 지나면서 희생자는 있는 힘을 다 써버리고 피가 소진되어서 더 이상 호흡을 할 수 없어서 질식사 했다. 로마인들이 희생자의 죽음을 재촉하기를 원한다면, 십자가 처형을 끝내는 일반적인 방법은 희생자가 숨을 쉬기 위해 위로 들어 올리는 것을 막기 위해서 곤봉으로 다리뼈를 부러뜨리는 것이었다. 희생자의 다리가 부러진 후 죽음이 임박했다.

예수 그리스도와 십자가에 못 박힌 두 강도의 다리는 부러뜨렸지만, 예수 그리스도의 다리는 부러뜨리지 않았다. 이는 사형 집행관들이 그분이 이미 죽으셨다는 것을 목격했기 때문이다.

피와 물을 흘리심

예수님이 죽으신 것을 목격한 후, 로마 사형 집행자들 가운데 한 명이 예수님의 옆구리를 창으로 찌르자 "곧 피와 물이 흘러 나왔다"(요 19:34). 영국 작가 마이클 그린(Michael Green)은 이 사실의 중요성을 다음과 같이 설명한다.

"우리는 목격 당사자에게 예수님의 찔린 옆구리에서 '피와 물'이 나왔다고 분명히 말하는 것을 전해 듣는다(요 19:34-35). 목격자는 분명히 이것을 아주 중요하게 생각했다. 창으로 그분의 옆구리를 찔렀을 때 예수님이 살아 계셨다면 모든 심장 박동과 함께

73

피가 뿜어져 나왔을 것이다. 그보다 관찰자는 흘러나오는 반 응고된 검붉은 피 덩어리와 수반되는 맑은 혈청이 별개로 구분되어 있는 것에 주목했다. 그것은 주 동맥에서 혈액이 대량 응고되었다는 증거이며, 특별히 사망에 대한 확고한 의학적 증거이다. 그것은 복음서 기록자가 어떤 병리학자에게 아마 그 의미에 대해서 깨닫지 못했기 때문에 아주 더 인상에 남는다. 창으로 찔림으로 흘러나온 '피와 물'은 예수님이 이미 죽으셨다는 것을 명확하게 증명한다."

빌라도는 시체가 아리마대 요셉에게 넘겨지기 전에 그리스도의 죽으심에 대한 증명을 요구했다. 그는 처형을 담당하는 백부장이 예수님의 죽으심을 증명한 후에 바로 그 시체를 옮기는 것을 승인했다.

예수님은 분명히 죽으셨다. 대다수의 역사학자들은 이 사실을 전혀 의심하지 않는다.

게리 하버마스(Gary Habermas) 박사는 기독교가 아닌 자료에서 예수님이 죽으신 사실에 대한 중요한 증거가 있다고 언급했다. 이 자료는 많은 사람들이 가장 위대한 고대 로마 역사가라고 여기는 고르넬리오 타키투스(Cornelius Tacitus-AD 55-120)와 유대인 학자 요세푸스(Josephus-AD 37-97) 그리고 유태인 탈무드(AD 70-200)가 포함한다. 하버마스 박사는 다음과 같이 말한다.

"이러한 비기독교적인 기록물 중에 가장 빈번히 연구조사 보고된 것은 12개의 자료로 언급된 예수님의 죽으심이다. 예수님이 죽으신 지 약 20년에서 150년까지 기록된 이러한 세속적인 자료는 고대 역사 문헌 기준의 아주 초기 자료이다"라고 말한다.

예수님이 실제로 죽임을 당하셨다는 사실은 고대사에 기록된 사건과 마찬가지로 확실하다.

우리는 예수님이 죽지 않으시고 지독한 시련을 견뎌 내시고 피투성이의 비참한 몰골로 제자들에게 나타나셔서 그들에게 자신이 부활하셨다는 것을 사람들에게 확신시키도록 하셨다고 말함으로써 부활을 설명하려고 시도하는 어떤 이론도 거부해야 한다.

그리스도의 매장

많은 회의론자들은 예수님이 죽은 자 가운데서 부활하셨다는 주장에서 허점을 찾기 위해 예수 그리스도의 매장을 둘러싼 사건들과 환경에 초점을 맞추었다. 그러므로 우리는 역사적인 사실을 주의 깊게 살펴보고 사실의 정확성과 신빙성을 확인하는 것이 중요하다. 우리가 앞에서 언급했듯이, 관리들은 예수님이 죽은 자 가운데서 살아서 돌아오셨다는 어떤 이야기도 나오지 않도록 여러 가지 예방 조치를 취했다. 우리는 먼저 무덤 자체에 대한 사실을 살펴볼 것이다.

단단한 돌 무덤

사복음서는 모두 예수님의 시체가 잘라낸 돌 무덤 속에 놓여졌고 큰 돌이 입구를 향하여 굴려져 있었다고 기록한다. 마태와 누가와 요한은 돌 무덤이 사용되지 않은 새 무덤이라고 기록한다(마 27:60, 눅 23:53, 요 19:41). 마태는 그 무덤이 아리마대 요셉의 소유라고 언급한다.

고고학자들은 예수님 시대에 사용되었던 세 가지 형태의 돌 무덤을 발견했다. 모든 무덤은 평균 2,000kg 무게의 납작한 원반 모양의 돌로 열고 닫도록 되어 있었다. 각 무덤에는 홈 또는 골이 있었고 돌을 옮기는 선로 역할을 하도록 돌 앞면의 돌을 잘라냈다.

골은 무덤 입구 바로 앞 가까이가 가장 깊고 위로 각이 져 있었다. 원반 모양의 돌은 홈의 가장 높은 부분에 놓고 돌이 구르는 것을 방지하기 위해서 돌 아래에 큰 돌 덩어리를 놓았다. 돌 덩어리를 옮기면 돌은 쉽게 굴러서 무덤 입구 앞쪽에 스스로 멈추게 된다.

의심할 여지없이 예수님의 시체가 그러한 무덤에 봉인되었다면, 그 시체를 꺼내는 것은 실로 엄청난 힘이 들었을 것이다.

우리는 복음서에 제시된 예수님의 매장에 대해서 확신할 수 있는 핵심적인 이유가 있다.

첫째, 바울은 고린도전서 15장 3~5절에서 매장 사실을 확증한다. 바울이 이 사실의 기록을 그가 예수 그리스도의 죽으심으로부터 3년에서 8년 이내에 추적할 수 있는 이전의 자료들에서 이끌어냈다는 결정적인 증거가 있다. 따라서 매장 이야기는 그리스도의 죽으심의 때와 아주 가깝게 추적할 수 있기 때문에 터무니없는 전개가 사실상 불가능하다.

둘째, 매장의 전통은 꾸미거나 사실을 과장하거나 미화하는 것에 둘러싸여 있지 않다. 매장 이야기는 간단하고 단순한 관습으로 전해진다.

셋째, 매장 이야기에 대한 모순된 전통이 존재하지 않는다. 복음서에 진술하는 매장에 이의를 제기하는 초기 증거자료는 없다.

넷째, 그리스도인들이 예수님을 정죄했던 공회의원 가운데 한 사람인 아리마대 요셉과 같은 역사적인 인물을 날조하는 것은 거의 불가능하다. 어떻게 초대 그리스도인들이 예수님의 죽으심에 직접적인 책임이 있는 공회의 구성원을 영웅으로 만들고 싶어 했겠는가? 사도들이 매장 이야기를 꾸며냈다면 그들은 요셉과 같은 인물을 날조하지 않았을 것이다. 모든 사복음서에 예수님을 매장하는 사람으로 요셉을 포함시킨 것은 그것이 복음서가 확실하다는 인상을 준다.

신약학자인 레이몬드 브라운(Raymond Brown)은 다음과 같이 결론을 내린다. "예수님이 묻혔다는 것은 역사적으로 확실하다… 아리마대 요셉이 매장했다는 것은 믿어도 된다."

유대인의 장례 절차

　신약은 그리스도의 매장이 유대인들의 관습을 따랐다는 것을 아주 의심할 여지가 없게 한다. 예수님은 십자가에서 내려져서 수의로 덮여 있었다. 유대인들은 시체가 밤새도록 십자가에 남아 있지 않도록 엄격한 조치를 취했다. 신약성경은 니고데모와 아리마대 요셉이 그리스도의 시체를 매장하기 위해서 준비했다고 말씀한다(요 19 : 38-42). 유대인의 관례는 시체를 매장실의 돌판 위에 놓았다. 시체는 먼저 따뜻한 물로 씻었다.

　신약성경에서 확인 된 바와 같이 여러 종류의 향기로운 향료로 시체를 준비시키는 것은 그 당시 관습이었다. 우리는 약 32-

45kg의 향신료가 그리스도의 매장에 사용된 것으로 추정한다. 이 정도는 지도자에게 합리적인 양이었다. 예를 들어, 유명한 유대인 학자 힐렐(Hillel)의 손자이자 예수님과 동시대인인 가말리엘(Gamaliel)의 시체 매장을 준비할 때 약 39kg의 향료가 사용되었다. 유대 역사가 요세푸스(Josephus)는 헤롯왕이 죽었을 때 향료를 나르는데 오백 명의 종이 필요했다고 기록한다.

세마포 사용

    시체의 모든 부분을 곧게 편 후 시체는 흰색 세마포로 만들어진 사지를 가리는 옷을 입혔다. 무덤에 사용하는 세마포는 여자들이 함께 꿰맸다. 어떤 매듭도 허용되지 않았다. 어떤 사람도 따로따로 세 가지 이하의 옷을 입힌 채로 묻을 수 없었다.

    당시에 향기로운 향료는 향나무 조각을 알로에(aloes)라고 알려진 가루로 만들어서 몰약(아프리카 아라비아 지방에 자생하는 감람과 식물인 콤미포라 미르라(C.myrrha)나 콤미포라 아비시니카(C.abyssinica) 등의 수피에 상처를 내어 채취한 천연고무수지-역주)이라고 불리는 접착 물질과 섞어서 만들었다. 발에서부터 시작하여, 시체는 세마포와 접은 자리 사이사이에 넣은 진득진득한 몰약과 섞인 향료와 함께 감쌌다. 준비하는 사람들은 몸통을 겨드랑이에 감싸고 팔을 감싸는 바깥쪽에 놓은 다음 목에 감았다. 그리고 별도의 천을 머리 주위에 감았다. 최종 관의 무게는 약 53-91kg이 되었을 것이다.

주후 4세기에 존 크리소스톰(John Chrysostom)은 "사용된 몰약은 몸에 바싹 들러붙어 수의를 쉽게 벗길 수 없는 약제"라고 말했다.

보안 주의사항 예방책 경계 보안조치

로마 경비대

유대인 관리들은 수천 명의 사람들이 그리스도께로 돌아서고 있었기 때문에 당황했다. 정치적인 문제를 피하기 위해 로마인들뿐만 아니라 유대인들도 예수님이 영원히 버림을 당하셨다는 것을 확인하는 것이 유리했다.

그래서 대제사장들과 바리새인들이 예수님이 십자가에 못 박히신 후에 빌라도에게 다음과 같이 말했다.

"주여 저 속이던 자가 살아 있을 때에 말하되 내가 사흘 후에 다시 살아나리라 한 것을 우리가 기억하노니 그러므로 명령하여 그 무덤을 사흘까지 굳게 지키게 하소서 그의 제자들이 와서 시체를 도둑질하여 가고 백성에게 말하되 그가 죽은 자 가운데서 살아났다 하면 후의 속임이 전보다 더 클까 하나이다 하니 빌라도가 이르되 너희에게 경비병이 있으니 가서 힘대로 굳게 지키라 하거늘 그들이 경비병과 함께 가서 돌을 인봉하고 무덤을 굳게 지키니라"(마 27:63-66).

유명한 로마 군단(300-700명의 기병을 포함하여 3,000-6,000명의 보병으로 구성-역주)은 가이사 황제가 자신의 광대한 제국의 관리를 유지하는 수단이었다. 로마 제국은 엄청난 전투 집단을 일찍이 창설했고 흠 잡을 데 없이 훈련된 전사들이 있었기 때문에 그 존재를 지속적으로 유지할 수 있었다. 로마 군대의 훈련에 대해서 증거가 되는 많은 탁월한 자료들은 로마 경비대가 4인에서 16인의 경비병으로 조직되었음을 말해 준다. 각 사람은 약 1.8m

지역을 지키도록 훈련을 받았다. 양편의 4구획에 16명이 약 30m를 지키고 전 부대가 맞서 그 구역을 지켰다. 일반적으로 구역은 이런 식으로 네 명이 그들이 지켜야 할 것의 바로 앞에 위치해서 경계 임무가 맡겨졌다. 다른 12명은 그들의 지휘자들이 지정한 장소에서 근무하고 그들이 있는 데서 반원형으로 잠을 잤다. 이 경비병들이 지키고 있는 것을 훔치려면 도둑들은 먼저 잠들어 있는 경비병들을 넘어가야만 한다. 4시간마다 4명의 경비병들이 잠에서 깼으며 깨어난 경비병들은 교대로 잠자리에 들었다. 그들은 시계 방향으로 교대했다.

로마의 인봉

마태는 "경비병과 함께 가서 돌을 인봉했다"(마 27:66)고 기록한다. 성경학자 아치볼드 토마스 로버트슨(Archibald Thomas Robertson)은 "돌은 책임을 맡았던 로마 경비병들이 있는 데서만 봉인할 수 있었다"고 말한다. 이런 조처의 목적은 누구든지 무덤의 내용물을 허락 없이 개봉하는 것을 막는 데 있었다.

경비병이 무덤을 세밀히 조사하고 이동시키지 않고 같은 자리로 돌을 굴린 다음 끈을 돌을 가로 질러 잡아당겨서 인봉하는 점토를 양 끝에 단단히 고정시켰다. 최종적으로 점토 팩은 로마 총독의 공식 인장이 찍혔다. 인봉은 로마 자체였기 때문에 인봉이 다름 아닌 바로 로마 제국의 권력과 권위로 그리스도의 시체가 정확하다는 것을 확인해 주었고 파괴자들로부터 보호되었다. 돌을 옮기는 사람은 누구든지 인장을 파기시킨 것이기 때문에 로마의 법과 권력의 진노를 초래할 것이다.

부활이 믿어지는 사실

    그리스도와 그분의 부활에 관해서 무엇이든지 믿는 사람이라면, 누구든지 그날 아침에 일어났던 중대한 일이 너무 극적이어서 열한 명의 제자들의 삶을 완전히 변화시켜서 학대, 고난 및 대부분의 경우 죽음까지도 당한 것을 인정해야만 한다. 그 중대한 사건(빈 무덤)은 예루살렘의 중심지에서 도보로 15분 걸리는 거리에 있는 쉽게 확증되거나 반증할 수 있는 빈 무덤이었다!

    빈 무덤에 대한 보고와 예수 그리스도의 부활하신 모습은 생각의 토대를 흔들어 놓았으며 그때부터 역사의 과정을 결정했다. 분명히 중대한 일이 일어났다. 큰 일!

그리스도의 죽으심과 부활을 둘러싼 사건들을 합리화하기를 원한다면, 당신은 반드시 일어나는 헤아릴 수 없는 일에 대처해야 한다. 유대인들과 로마인들은 예수님이 죽으셔서 무덤 속에 남아 계신다는 것을 확실하게 하기 위해서 신중한 조치들을 취했다. 그들의 조치(십자가에 못 박고 매장하고 인봉 및 무덤을 지키는 것)에도 불구하고 중요한 일이 일어났다는 사실은 비평가들이 그리스도께서 죽은 자 가운데서 살아나지 않으셨다는 그들의 입장을 옹호하는 것을 아주 어렵게 만들고 있다. 이 사건 중 일부를 다시 살펴보고 몇 가지 결론을 고려해 보기로 하자.

사실 1 - 로마 인봉이 부서졌다

부활하신 아침에 로마 제국의 권력과 권위를 나타내는 인장이 부서졌다. 아무도 이 사실을 부인하지 않는다. 인장을 훼손하는 결과는 가혹했다. 책임 있는 사람 또는 사람들이 붙잡힐 경우 그들은 심각한 형벌을 받게 될 것이다. 그리스도의 제자들이 감히 그 인장을 훼손했겠는가? 전혀 아니다! 예수님이 체포되시자 그들은 혼란과 두려움의 조짐을 보였다. 베드로는 심지어 그리스도를 알고 있는 것조차 부인했다.

사실 2 - 무덤이 비어 있었다

또 다른 명백한 사실은 주일 아침 무덤이 비어 있었다는 것이다. 무덤이 비어 있었다는 것은 지금껏 아무도 부인하지 않았다. 그리스도께서 부활하신 후 갑자기 용기를 얻은 그리스도의 제자들은 그분이 부활했다고 선포하기 위해서 아테네나 로마로 가지 않았다. 그들은 예루살렘 성으로 돌아갔다. 거기에서 그들이 주장하는 것이 거짓이었다면, 그들의 메시지는 쉽게 그릇되었음이 판명되었을 것이다. 무덤이 비어 있지 않았다면 예루살렘에서의 부활에 대한 주장이 잠시도 유지될 수 없었을 것이다. 폴 마이어(Paul Maier)는 다음과 같이 설명한다.

"첫 부활절 이후 7주 후에 예루살렘에서 일어난 일은 예수님의 시체가 어떻든 요셉의 무덤에서 사라져 버렸을 때만 일어났을 수 있었다. 그렇지 않으면 사도들과 부활에 대해서 복잡하게 얽힌 오해가 있는 성전 지배층이 단 시간에 아리마대 요셉의 무덤에 찾아

가서 증거물을 밝혀서 사도들의 활동을 간단히 저지했을 것이다. 그들은 무덤이 비어 있었다는 것을 알고 있었기 때문에 이렇게 하지 않았다. 제자들이 시체를 훔쳐갔다는 그들의 공식적인 변명은 무덤이 실제로 비어 있었다는 것을 시인하는 것이 되었다."

어떤 사람들은 빈 무덤 이야기가 역사적 사실이기 보다는 신화의 현상이거나 변명의 방책이라고 주장하면서 이의를 제기한다. 그러나 빈 무덤 이야기가 변명의 방책이나 신화가 아니라는 것을 보여 주는 가장 강력한 증거 중 하나는 여인들에 의해서 처음으로 무덤이 비어 있는 것이 밝혀졌다는 사실이다. 1세기 팔레스타인에서는 여성들은 시민 또는 법적 증인으로 신분이 낮았다. 보기 드문 경우를 제외하고 유대 법은 여성들이 법정에서 증언하는 것을 배제했다. 기독교를 발전시키고자 했던 사람들이 왜 예수님이 십자가에 못 박히시는 동안 제자들을 도망치게 하고 대신에 여인들이 용감하게 무덤에 접근하여 무덤이 비어 있다는 첫번째 증거를 제공하게 함으로써 새로운 신앙의 필수적인 옹호자들인 제자들을 당혹하게 하는 신화를 고안해 냈을까? 그러한 신화는 그 불씨를 발전시키는 목적에 맞지 않았을 것이다. 일반상식은 여인들이 첫번째 증인으로 보고 했던 주요한 이유는 그것이 진실이었기 때문이라는 것을 우리에게 말해 준다.

사실 3 - 로마 경비병이 탈영한다

로마 군인들은 그들이 있어야 할 책임을 맡은 곳을 벗어났다. 이것은 설명해야만 하는 아주 이상한 사실이다.

로마 군대의 군사 훈련을 신중히 연구한 조지 커리(George Currie) 박사는 "탈영이나 무기 분실 또는 처분 그리고 적에게 작전 계획을 누설하거나 장교를 보호하기를 거부하거나 야간 경계 이탈 등 다양한 임무의 실패와 같은 경우 사형 선고를 받았다"고 말한다. 위의 경우 외에 잠들었을 경우를 사형에 포함할 수 있다(마 28:13). 어떤 병사가 임무 수행에 실패했는지 분명하지 않은 경우, 경비 부대원의 직무유기에 대해서 누가 사형에 처하게 될 것인지를 찾아내기 위해서 여러 번의 제비뽑기로 결론을 냈다.

경비병에게 사형을 집행하는 한 가지 방법은 옷을 벗기고 긴 옷을 입히고 불을 피운 채 살아있는 채로 태워 버리는 것이었다. 로마의 처벌과 보안 조치에 관한 유래는 무덤이 비어 있지 않았다면 병사들은 결코 자신의 위치를 떠나지 않았을 것임을 증명한다. 그들의 상관의 진노에 대한 두려움과 그에 따른 사형 선고는 그들이 자신들의 직무에 대한 가장 세세한 부분에 세심한 주의를 기울였다는 것을 의미한다.

예루살렘에 있는 정원무덤(예수님의 무덤으로 추정되는 2곳 중 한 곳으로 예루살렘 구 시가지의 다마스쿠스 문 외곽에 위치한다. 현재 영국 정원무덤 협의회에서 관리하고 있다-역주)의 책임자였던 빌 화이트 박사(Dr. Bill White)는 부활절 첫날 이후로 부활과 이어지는 사건들을 광범위하게 연구했다. 화이트 박사는 로마 경비병에게 뇌물을 주는 유대 당국자들에 대해 다음과 같이 몇 가지 결정적인 관찰을 한다(마 28:11-14).

"무덤으로 들어갈 필요가 있었을 경우 돌이 간단히 무덤 한쪽으로 굴려졌다면 당시에 그들은 그들의 구역에서 자고 있는 사람들을 고발해서 그들에게 가혹한 형벌을 받게 하는 것이 정당한 것이었을 것이다. 병사들이 지진이 인봉을 훼손하고 돌이 진동으로 뒤로 굴러 갔다고 주장했다면 그들은 비겁한 사람이라는 딱지가 붙는 행동으로 여전히 형벌을 면할 수 없었을 것이다.

　그러나 이러한 가능성은 납득할 수 없다. 대제사장들이 경비병을 상대로 어떤 혐의도 제기할 수 없도록 하는 몇 가지 명백한 증거가 있었다. 유대 당국자들은 그 현장을 방문해서 돌을 상세하게 조사하고 자신들의 사람들이 수하에 있는 돌을 제거하도록 가능하게 하는 것이 인간적으로 불가능하다는 입장을 인정했음에 틀림이 없다. 그 어떤 적절한 대답이나 희생 양을 제공할 수 없어서 그들은 강제로 경비원에게 뇌물을 주고 사건을 입막음하려고 했다."

사실 4 - 수의가 증명한다

비록 주일 아침에 예수 그리스도의 무덤에 시체가 없었음에도 불구하고 무덤이 완전히 비어 있는 것은 아니었다. 그것은 놀라운 현상을 담고 있다. 무덤을 찾아간 후 돌이 굴려진 것을 보았을 때, 여인들은 달려가서 제자들에게 말했다. 그 다음에 베드로와 요한이 달려갔다. 요한은 베드로를 앞질러서 무덤에 도착했으나 무덤에 들어가지 않았다. 그 대신 그는 몸을 구부려서 안을 들여다보고 무언가를 보고 깜짝 놀랐고 예수 그리스도께서 실제로 죽음에서 살아나셨다는 것을 즉시 믿게 되었다.

그는 예수님의 시체가 계셨던 곳을 바라보았다. 그가 보았던 것은 속이 비어 있는 수의였다. 여기까지다! 그러나 베드로는 결코 불신을 극복하지 못했다.

제자들의 마음에 있는 첫번째 것은 빈 무덤이 아니라 비어 있는 수의였다. 마이클 그린(Michael Green)은 다음과 같이 적절히 관찰했다.

"제자들은 예수님이 부활하셨다는 사실을 확신하고 두려워하지 않았다. 묘지 도굴범은 그렇게 범상치 않은 사건을 연기할 수 없었을 것이다. 그런 생각은 머리에 떠오르지도 않았을 것이다. 무덤 도굴범은 단순히 시체와 수의 및 모든 것을 가져갔을 것이다."

사실 5 - 그리스도의 모습이 확인되었다

오늘날 몇몇 학자들은 제자들이 적어도 그들이 부활하신 예수님을 보았다는 사실을 믿었다는 것을 믿어 의심치 않는다. 성경학자인 레지놀드 풀러(Reginald Fuller)는 "십자가에 못 박히신 몇 주 내에 예수님의 제자들이 예수님의 부활은 역사적으로 반박할 여지가 없는 사실 중 하나라고 믿게 되었다."고 대담하게 주장했다. 무엇이 제자들에게 이런 확신을 갖게 했는가? 초대 교회 시작 때부터 예수님이 제자들에게 개인적으로 나타나셨다는 사실을 주장했다.

역사상의 사건을 연구할 때에 든지 그 사건에 대한 사실을 공식적으로 발표할 때 그 사건에 참가했거나 목격했던 많은 사람들이 살아 있는지의 여부를 조사하는 것이 중요하다. 많은 수의 증인은 공개된 보고서의 정당성을 인정받는데 도움이 된다. 부활 후에 그리스도께서 나타나신 가장 초기 기록 가운데 하나는 고린도전서 15장 3-8절에 있는 바울의 기록이다.

"내가 받은 것을 먼저 너희에게 전하였노니 이는 성경대로 그리스도께서 우리 죄를 위하여 죽으시고 장사 지낸 바 되셨다가 성경대로 사흘 만에 다시 살아나사 게바에게 보이시고 후에 열두 제자에게와 그 후에 오백여 형제에게 일시에 보이셨나니 그 중에 지금까지 대다수는 살아 있고 어떤 사람은 잠들었으며 그 후에 야고보에게 보이셨으며 그 후에 모든 사도에게와 맨 나중에 만삭되지 못하여 난 자 같은 내게도 보이셨느니라."

사실상 모든 학자들은 이 구절에서 바울은 고린도전서(주후 50년대 중반) 기록 이전에 기록된 고대 신경(信經-기독교 신앙을 일정 형식으로 요약한 것-역주) 또는 전통을 전하고 있다는데 동의한다. 사실 이 신경을 조사한 많은 학자들은 이 신경이 그리스도께서 십자가에 처형되신 후 3년에서 8년 이내의 것이라고 추정한다. 바울이 개종한 지 3년 후 예루살렘에서 베드로와 야고보를 방문했을 때 이 신경을 받았다고 믿어진다. 그런데 이 시기는 예수님이 십자가에 못 박히신 지 1년에서 4년이었다(갈 1:18-19). 역사학자 한스 폰 캄펜하우젠(Hans von Campenhausen)이 "어떻게든 이 문서가 그러한 문서로 만들어질 수 있는 역사적인 확실성에 관한 모든 요구를 충족시킨다."고 주장하는 이유이다.

이 구절에서 바울은 일시에 오백 명이 넘는 사람들이 그리스도를 보았다는 사실에 대한 그의 청중들의 경험에 호소한다. 바울은 이 사람들의 대다수는 여전히 살아 있으며 의문의 여지가 없음을 그들에게 상기시킨다. 이 진술은 이천 년 전에 일어난 일을 조사하기를 원하는 누구에게나 강력한 증거이다.

마찬가지로 신약학자 찰스 해럴드 다드(Charles Harold Dodd)는 "사실상 바울이 심문 받을 증인들이 있다고 말하지 않는 한 오백여 명 대부분이 아직 살아 있다는 사실을 언급하는 것이 이루고자 하는 어떤 목적에 거의 합치할 수 없다"고 말했다.

증인들은 그분의 부활에 대해서 냉담하거나 납득하지 않는 다수의 사람을 포함한다. 사울을 잘 알고 있는 사람은 다소(Tarsus)

출신인 사울을 그리스도를 따르는 사람으로 여길 수 없었을 것이다. 그는 전체 기독교 활동을 뿌리째 뽑을 목적으로 그리스도를 멸시하고 그리스도인들을 박해했다. 그러나 나중에 바울로 이름이 바뀐 사울은 역사상 가장 위대한 기독교를 확장하는 전도자 중한 사람이 되었다. 무엇으로 이 급진적 변화를 설명할 수 있을까 (고전 9:1, 행 22: 4-21)?

예수님의 형제 야고보를 생각해 보도록 하자. 복음서는 예수님의 형제 중 어느 누구도 예수님이 살아 계실 때에 그분을 믿지 않았다고 진술한다(요 7:5, 막 3:21-35). 심지어 그들은 예루살렘에서 열린 공개 축제행사에서 예수님을 속여서 죽음의 함정에 빠뜨리려고까지 했다. 그럼에도 불구하고 야고보는 후에 그의 형 (예수님)을 따르고 박해받는 그리스도인들의 무리에 합류하여 교회의 주요 지도자가 되었고, 요세푸스(Josephus)와 헤게시푸스(Hegesippus) 그리고 알렉산드리아의 클레멘트(Clement of Alexandria)의 증언대로 초대 교회의 순교자 중 한 명이 되었다.

무엇이 그의 마음가짐에 그와 같은 변화를 일으켰는가? 야고보도

부활하신 예수님을 목격하지 않았을까?

부활을 "부인하려는" 시도

많은 이론들이 예수 그리스도의 부활이 거짓말을 보여 주려는 시도를 하였다. 부활을 둘러싼 대부분의 사실들을 부인할 수 없기 때문에, 이러한 시도는 전설적인 또는 신화적인 그리고 자연적인 사실을 조사하는 여러 가지 해석에 의존해 왔다. 회의론자들은 부활을 입증하는 역사적인 기록이 너무 확고하기 때문에 재판과 십자가 처형과 매장과 경비원 그리고 인봉 또는 빈 무덤과 같은 필수적인 사건을 부인하는 사람들은 거의 없다. 그들은 단순히 이러한 사건들이 죽은 사람이 다시 정신이 돌아 온 사실을 의미하기 때문에 진실이 아니라고 부정한다. 그들의 의견은 다음과 같이 요약될 수 있다. "옳다고 치자, 하지만 어떤 다른 설명이 있어야 한다."

신약성경에서 말씀하는 사실을 받아들이는 것보다 이러한 이론들 중 일부를 믿는 것이 더 믿음을 갖게 한다. 우리는 「부활에 대한 증거」라는 다른 책에서 이에 대한 각각의 이론을 자세하게 다

룬다. 여기서 우리는 가설이 사도들이 예수님이 셋째 날에 육체적으로 부활하셨다는 것을 믿는 그들의 신앙으로 인해 모두 기꺼이 고난을 받고 죽었다는 사실을 포함한 모든 사실을 정확하게 설명해야 한다고 말할 것이다. 부활이 날조였다면 왜 그들은 부활을 믿는 믿음 때문에 기꺼이 고난을 당하고 죽었을까? 어떤 이들은 집단적으로 환각 상태에 있었다고 추정했다. 그러나 심리학자들은 환각은 개인적인 경험이며 사람들의 무리가 동일한 환각을 일으키는 것은 불가능하다고 말한다. 대안적인 설명은 사실에 맞지 않다.

다음에
할 일은
무엇인가

4

당신은 이 책에서 진술한 예수 그리스도의 부활에 대한 역사적인 증거를 어떻게 평가하는가? 그리스도의 빈 무덤에 대해서 기록된 사실에 대한 당신의 결심은 무엇인가? 당신은 그리스도에 대해서 어떻게 생각하는가?

내가(조쉬) 그리스도의 부활에 대한 압도적인 증거와 마주쳤을 때, 나는 논리적인 질문을 해야 했다. "그리스도께서 내 죄를 위해 십자가에서 죽으시고 다시 부활하셨다는 것을 내가 믿든 안 믿든 내 삶에 어떤 차이가 있을까?" 당신이나 다른 누구든지 이 질문에 답하려면 예수님이 제자들에게 말씀하신 그분의 말씀을 생각해 보아야 한다. "나는 길이요 진리요 생명이니 나로 말미암지 않고는 아버지께로 올 수 없느니라"(요 14:6). 사도 베드로는 "예수님은 (메시아)이시다… 다른 이로써는 구원을 받을 수 없나니 천하 사람 중에 구원을 받을 만한 다른 이름을 우리에게 주신 일이 없음이라 하였더라"(행 4:11-12-ESV)고 말씀했을 때 자신의 스승의 담대한 말씀을 강조했다.

예수님은 하나님 아버지와의 관계에 있어 유일한 수단이라고 주장하신다. 하나님과 우리의 관계가 회복되어야 할 필요가 있는 이유는 죄 때문이다. 로마서 3장 23절에 따르면 우리 각자를 포함하여 모든 사람이 하나님의 완전한 의(義)의 기준에 미치지 못한다. 결과적으로 우리는 거룩하신 하나님과 분리되었고 하나님으로부터 영원히 분리되는 우리 자신의 죄에 대한 형벌을 받아야 한다. 그럼에도 복음의 놀라운 진리는 우리가 우리의 죄를 회개하고 예수 그리스도를 믿음으로써 하나님과 화평을 누릴 수 있다는 것이다(롬 5:1). 예수님의 부활에 대한 압도적인 증거에 근거해서 예수님이 죄의 용서와 하나님과의 영원한 관계를 제공하셨다는 것을 고려할 때 누가 무모하게 그분을 거부하겠는가? 그리스도는 살아 계신다! 그분은 오늘도 살아 계신다! 이 현실에 대한 가장 논리적인 대답은 당신의 삶의 일원으로 예수 그리스도를 신뢰하고 오직 그분만이 실행하실 수 있는 개인적인 변화를 경험하는 것이다.

당신은 예수님이 당신을 위해 행하신 일에 대해서 어떻게 반응할 수 있는가?

당신은 예수 그리스도께서 죽으심과 부활하심을 통해서 당신을 위해 행하신 놀라운 일을 기도를 통해서 반응할 수 있다. 기도는 단순히 하나님과 대화하는 것이다. 하나님은 당신의 마음을 아신다. 그리고 그분은 당신의 마음의 자세에 관심이 있으신 만큼 당신의 말에도 관심이 있으시다. 당신이 한 번도 그리스도를 믿지 않았다면, 당신은 다음과 같은 기도를 함으로써 지금 당장 그렇게 할 수 있다.

주 예수님, 나는 당신이 필요하나이다.

내 죄를 위해 십자가에 죽으신

것에 대해서 감사하나이다.

나는 내 삶의 문을 열고 당신을 나의

구세주이자 주님으로 영접하나이다.

내 죄를 용서하시고 영원한

생명을 주심을 감사드리나이다.

내 삶의 보좌를 장악하시옵소서.

나를 주님이 원하시는 사람으로 만드소서.

이 기도가 당신의 마음의 소원을 표현하고 있는가? 그렇다면, 지금 당장 기도하라. 그러면 그분이 약속하신 대로 그리스도께서 당신의 삶 속으로 들어오실 것이다.

당신은 당신의 삶 속으로 그리스도를 영접하는 기도를 했는가? 그렇다면 요한계시록 3장 20절에 있는 그분의 약속에 의하면 지금 그리스도께서는 당신과 관련하여 어디에 계시는가?

그리스도께서는 당신의 삶 속으로 들어오시겠다고 말씀하셨다. 그분이 당신을 잘못 인도하시겠는가? 아니다! 당신은 그분과 그분의 말씀은 믿을 수 있기 때문에 하나님께서 당신의 기도에 응답하셨다는 것을 확신할 수 있다.

성경은 그리스도를 영접함으로써 당신이 영생을 얻을 수 있다고 약속한다.

"또 증거는 이것이니 하나님이 우리에게 영생을 주신 것과 이 생명이 그의 아들 안에 있는 그것이니라 아들이 있는 자에게는 생명이 있고 하나님의 아들이 없는 자에게는 생명이 없느니라 내가 하나님의 아들의 이름을 믿는 너희에게 이것을 쓰는 것은 너희로 하여금 너희에게 영생이 있음을 알게 하려 함이라"(요일 5:11-13).

지금 바로 그리스도께서 당신의 삶 가운데 계시며 결코 떠나지 않으신다는 사실에 대해서 하나님께 감사하라(히 13:5). 당신은 그분을 영접한 바로 그 순간부터 그리스도께서 당신 안에 계신다는 것과 영원한 생명을 얻는다는 것을 그분의 약속을 근거로 알 수 있다. 그분은 당신을 속이지 않으실 것이다.

신앙을 성장시킬 수 있는 방법

당신은 혼자서 그리스도인의 삶을 살도록 예정되어 있지 않다. 하나님의 말씀은 당신이 다른 그리스도인들을 만나 성장하고 강건하게 유지할 것을 권고한다(히 10:25). 각각의 통나무는 함께 놓으면 밝게 탄다. 그러나 차가운 난로 한 쪽에 제쳐 두면 불은 꺼진다. 이와 같이 다른 그리스도인들과 당신의 관계가 바로 그런 식이다. 당신이 교회에 소속되어 있지 않다면 초청받기를 기다리지 말라. 선제 조치를 하라. 예수 그리스도를 공경하고 그분의 말씀을 가르치는 근처 교회의 목사님에게 전화하라. 이번 주에 시작하여 정기적으로 출석할 계획을 세우라.

당신이 책을 읽으면서 그리스도를 통해서 하나님과 관계를 확고히 굳혔다면 그 사실에 관해서 우리에게 편지를 보내 알려 주기를 바란다.

Josh McDowell Ministry 2001 West Plano Parkway

Suite 2400 Plano, www.josh.org

우리는 하나님과 함께 계속 동행하는데 도움이 될 자료들을 기쁜 마음으로 보내 줄 것이다.

당신은 또한 www.josh.org 및 www.seanmcdowell.org를 통해 우리를 만날 수 있다. 우리 사이트에서 당신은 비디오 그리고 기사 그리고 서적 및 기타 당신의 신앙 여정에 도움이 되는 다른 자료와 같은 많은 도움을 주는 자료를 찾을 수 있을 것이다.

이 책과 그리스도를 믿기로 한 당신의 결정이 예수님과 당신의 새로운 관계의 결과로 당신이 살아가는 방법에 주목할 만한 중대한 변화를 일으키기를 기원한다.

조쉬 D. 맥도웰

션 J. 맥도웰